BRIDGE MINIST

APOSTILA DE ESTUDOS

CLASSE 201

# COMPROMETIDOS COM A MATURIDADE

12 ESTUDOS

DESCUBRA OS QUATRO PILARES FUNDAMENTAIS DA FÉ E FORTALEÇA SUA CAMINHADA COM DEUS

BRIDGE MINISTRY

IGREJA BRASILEIRA

# DESCOBRINDO A MATURIDADE ESPIRITUAL

## O PROPÓSITO DESSE CONTEÚDO

*"...para que permaneçais perfeitos e plenamente seguros em toda a vontade de Deus." Cl 4:12b*

*"para que não sejamos meninos(...) antes cresçamos em tudo naquele que é o cabeça, Cristo." Ef 4:14a,15b*

## O FOCO DESTA CLASSE

Estaremos enfocando os 4 Hábitos Básicos que todo o cristão precisa desenvolver, que são:

- O Hábito de um tempo diário com Deus;
- O Hábito da Oração – Falando com Deus;
- O Hábito de Dizimar e de Ofertar – Entregando o que é de Deus;
- O Hábito da Comunhão – Usufruindo da Família de Deus.

Esses hábitos são necessários para o crescimento e maturidadeespiritual.

## ESTE ESTUDO IRÁ:

- Equipar você com as habilidades necessárias para iniciar os hábitos da maturidade cristã.
- Explicar sobre os instrumentos que você precisa ter para manter esses hábitos.

# Sumário

**01**
**ESTUDO**

# ENTENDENDO O QUE É "MATURIDADE ESPIRITUAL"

*"... até que todos cheguemos à unidade de fé e do pleno conhecimento do Filho de Deus, ao estado de homem feito, à medida da estatura da plenitude de Cristo;" Ef 4:13*

- **Maturidade Espiritual é __________[1].**

*"Porque os que dantes conheceu, também os predestinou para serem conformes à imagem de seu Filho..." Rm 8:29a*

## FATOS SOBRE A MATURIDADE ESPIRITUAL

**1. Não é automática.**

"Depois de tanto tempo, vocês já deviam ser mestres. Porém ainda precisam de alguém para lhes ensinar... Quem precisa de leite ainda é criança e não tem nenhuma experiência..." Hb 5:12,13(LH)

**2. É um processo.**

*"Aprendei ... a prudência." Pv 8:5*

*"Porém continuem a crescer na graça e no conhecimento de nosso Senhor e Salvador Jesus Cristo." II Pe 5:18 (LH)*

**Não há atalhos!**

**3. Precisa de disciplina.**

*"...Exercita-te a ti mesmo na piedade." I Tm 4:7b*

*"Discipline-se com o propósito de religiosidade." (NASB)*

## ENTENDENDO O DISCIPULADO

1. **Crentes maduros são chamados __________[2].**
2. **Não posso ser um discípulo sem ser __________[3].**
3. **Quanto mais disciplinado eu me torno __________[4].**
4. **A marca do discípulo é __________[5].**

*RESPOSTAS:*
*[1]SER COMO CRISTO; [2]DISCÍPULOS; [3]DISCIPLINADO; [4]MAIS DEUS QUER ME USAR; [5]LEVAR A CRUZ;*

*"Quem não leva a sua cruz, e não me segue, não pode ser meu discípulo." Lc 14:27.*

01
ESTUDO

## QUE NÃO É CARREGAR A CRUZ?

- **Não é**______[6]**.** Não é ser "pé-frio. Não é ter uma sogra insuportável ou um patrão impossível de se conviver.
- Também **não é** cair da ponte, escorregar da escada ou quebrar a cabeça.
- **Não é**_________[7]. Também não é sofrimento ocasional causado por circunstâncias desagradáveis que provem da incompatibilidade de gênio e temperamentos.
- Levar a cruz **não é** ser acometido de enxaquecas ou reumatismo, nem tem relação com a sua artrite. Levar a cruz não é sofrimento físico provocado pelas desordens do corpo humano. CRUZ É OUTRA COISA.

*RESPOSTAS:*
*6SOFRIMENTO NATURAL; 7EM QUALQUER SITUAÇÃO; 8DIÁRIAMENTE.*

## O QUE ESTÁ ENVOLVIDO EM "TOMAR A CRUZ"?

**_________[8] dar a Cristo o primeiro lugar em minha vida. Estar disposto... até morrer...por amor a Cristo.**

Com que freqüência devo fazer isso?

*"...Se alguém quer vir após mim, negue-se a si mesmo, tome cada dia a sua cruz, e siga-me." Lc 9:23.*

**A conclusão** dinâmica de Jesus no convite ao discípulo é: **"SIGA-ME"**. Nos dias de Jesus de Nazaré, na Terra da Palestina, isto significava andar junto, comer a mesma comida, beber a mesma água, dormir nos mesmos lugares, passar o dia juntos, correr os mesmos riscos e ver as mesmas maravilhas.

**Seguir a Jesus** era algo histórico e geográficamente definido pela realidade do convívio físico. AGORA É DIFERENTE. Jesus vive em nós na pessoa amável e doce do Seu Espírito (Jo. 14.16-18).

A dimensão desse **"siga-me" é comportamental e motivacional**. É assumir um estilo de vida dinâmico, desinstalado, imprevisível e perigoso (Lc. 10.3). É procurar viver como Jesus viveu...

ESTUDO

# OS QUATRO HÁBITOS DO DISCÍPULO

## COMO POSSO ME TORNAR UM DISCIPULO?

**Desenvolvendo ____________________[1].**

*"...já vos despistes do homem velho com seus feitos, e vos vestistes do novo, que se renova para o pleno conhecimento, segundo a imagem daquele que o criou;" Cl 2:9,10*

### 1. TEMPO COM A PALAVRA DE DEUS (Tempo Diário Com Deus)

*"...Se vós permanecerdes na minha palavra, verdadeiramente sois meus discípulos; e conhecereis a verdade, e a verdade vos libertará." Jo 8:31,32.*

### 2. A ORAÇÃO

*"Se vocês ficarem unidos comigo, e as minha palavras continuarem em vocês, receberão tudo o que pedirem. (...) e assim vocês se tornam meus seguidores." Jo 15:7,8 (LH)*

### 3. O DÍZIMO e as OFERTAS

*"Assim, pois, todo aquele dentre vós que não renuncia a tudo o que possui, não pode ser meu discípulo." Lc 14:33.*

*"Façam isso (o dízimo e as ofertas) para aprenderem a temer a Deus para sempre." Dt 14:23 (LH).*

### 4. A COMUNHÃO

*"...Amem uns aos outros. Assim como eu vos amei, amem também uns aos outros. Se tiverem amor uns pelos outros, todos saberão que vocês são meus seguidores." Jo 13:34,35 (LH)*

## DEFINIÇÕES DE HÁBITO:

***"Uma contínua inclinação,** freqüentemente inconsciente, para fazer determinada atividade, adquirida através de freqüente repetição." (Webster II)*

**Uma disposição de caráter estabelecida.**

**RESPOSTAS:**
*[1]OS HÁBITOS DO DISCIPULADO;*

"Semeie um pensamento, colha uma ação.

Plante uma ação, colha um hábito.

Plante um hábito, colha um caráter.

Plante um caráter, colha um destino."

**Uma prática contínua.**

## OS ALVOS DESTA CLASSE

Que eu ____________________[2] os hábitos necessários para meu desenvolvimento espiritual.

*"...No passado vocês se entregaram inteiramente como escravos da impureza e da maldade para servirem ao mal. Agora entreguem-se como escravos de Deus para viverem uma vida de santidade." Rm 6:19.*



**RESPOSTAS:**
[2]ME COMPROMETA EM PRATICAR.

# COMO OBTER O MÁXIMO DE SUA BÍBLIA

*"Porque toda a Escritura Sagrada é inspirada por Deus e útil para ensinar a verdade, condenar o erro, corrigir as faltas e ensinar a maneira certa de viver. E isto para que o servo de Deus esteja completamente preparado e pronto para fazer todo o tipo de boas ações." II Tm 3:16,17*

## INFORMAÇÕES GERAIS SOBRE A BÍBLIA

- Bíblia do grego *biblos*, significa livros.
- Tempo de composição: 1600 anos aproximadamente.
- Número de escritores: 40 autores aproximadamente.
- Número total de livros: 66
- Divisão Geral: Antigo e Novo Testamentos.

## DIVISÃO DO VELHO TESTAMENTO: 39 LIVROS

A Bíblia é composta de vários tipos de literatura.

**Os primeiros dezessete livros são históricos.** Estes livros registram o tratamento de Deus com o homem e especificamente com uma nação - Israel. Eles relatam história espiritual. Os escritores não se preocuparam em incluir as razões e as datas de tudo. Incluíram apenas aqueles detalhes e eventos que mostravam o que Deus fez pelo homem e através do homem. Esses livros são:

**DA LEI:** *Gênesis, Êxodo, Levítico, Números e Deuteronômio (Foram escritos por Moisés).*

**HISTÓRICOS:** *Josué, Juízes, Rute, I e II Samuel, I e II Reis, I e II Crônicas, Esdras, Neemias e Ester.*

A narrativa feita nesses livros sobre a atuação de Deus para com a nação de Israel estende-se da criação até o silencioso período interbíblico - o tempo desde a volta dos hebreus da Babilônia até a vinda de Jesus.

Todos os outros livros do Velho Testamento são do tempo compreendido pelos livros históricos. Foram escritos por homens que faziam parte na nação israelita.

**Os cinco livros seguintes são os chamados poéticos,** escritos com um objetivo específico e numa forma hebraica diferente da prosa ou história. São os seguintes: *Jó, Salmos, Provérbios, Cantares de Salomão e Eclesiastes.* A poesia hebraica não expressa meramente a imaginação humana, fantasiosa ou irreal, semelhante à poesia secular de hoje. Nem possui rima ou um ritmo estabelecido. A poesia hebraica fala e canta sobre a experiência humana real, sobre profundos problemas espirituais, grandes realidades, e freqüentemente é escrita em paralelos duplos e triplos.

**Os chamados livros dos profetas**, são os últimos **dezessete** livros do Velho Testamento.

**Os profetas maiores são 5:** *Isaías, Jeremias, Lamentações, Ezequiel, Daniel.*

**Os Profetas Menores são 12:** *Oséias, Joel, Amós, Obadias, Jonas, Miquéias, Naum, Habacuque, Sofonias, Ageu, Zacarias e Malaquias.*

Um profeta é alguém que fala em nome de Deus. Ele pode dizer algo que acontecerá no futuro; mas seu propósito primordial é transmitir aos seus leitores ou ouvintes o que o Senhor colocou em seu coração para dizer a um determinado indivíduo, um grupo históricos ou uma nação.

Os profetas do Velho Testamento pertencem ao período da história dos hebreus caracterizado pelo declínio e queda da nação. Compreende esse período uns quatrocentos anos. Ao término do reinado de Salomão (I Reis 11; II Crônicas 9), os israelitas começaram a adorar ídolos de tal maneira que o nome de Jeová estava se tornando esquecido. Deus enviou porta-vozes, profetas, para chamar o povo de vota a ele e dar esperança a respeito do futuro àqueles que se arrependessem e seguissem os seus ensinos.

## DIVISÃO DO NOVO TESTAMENTO: 27 LIVROS

### Os estilos literários dos livros do Novo Testamento.

- **Evangelhos** - Boas Novas de Jesus Cristo: *Mateus, Marcos, Lucas e João*. Estes quatro livros apresentam os eventos da vida de Jesus, segundo o ponto de vista de cada escritor sobre o propósito da vida

de Jesus ao mundo, as necessidades espirituais de seus leitores e a inspiração recebida de Deus.

- **A História no Novo Testamento:** Atos. O livro de Atos cobre o período da história da Igreja Cristã, desde o Pentecostes até a prisão de Paulo em Roma.

- **As Cartas de Paulo (São treze)** - Estas foram escritas por Paulo com o objetivos de guiar os cristãos enquanto trabalhavam juntos nas igrejas ou a indivíduos com problemas espirituais: *Romanos, I e II Coríntios, Gálatas, Efésios, Filipenses, Colossenses, I e II Tessalonicenses, I e II Timóteo, Tito e Filemom.*
- **Cartas Gerais.** Estas cartas foram dirigidas à igreja em geral. A grupos de igreja ou a leitores dispersos em vastas regiões. *Hebreus, Tiago, I e II Pedro, I, II e III João, Judas.*
- **A Profecia** no Novo Testamento: *Apocalipse de João.*

# OBTENDO O MÁXIMO DE SUA BÍBLIA

04
ESTUDO

## COMO OUVIR A PALAVRA DE DEUS

*"Logo a fé é pelo ouvir, e o ouvir pela palavra de Cristo." Rm 10:17*

## FORMAS DE OUVIR A PALAVRA DE DEUS:

- A Bíblia em Fitas ou CD
- Sermões na igreja ou Estudos Bíblicos
- Sermões gravados
- Rádio ou TV

**Problema:** Nós esquecemos ___[1] do que ouvimos após 72 horas.

- Quando vemos retemos ___[2] depois de 3 dias.
- Quando vemos e ouvimos e fazemos retemos ___[3]

Isto é triste para um pastor ou professor - se Você não anotar o que estou falando aqui agora, até Quarta feira Você já esqueceu tudo.

*RESPOSTAS:* [1]95%; [2]20%; [3]65%;

## COMO MELHORAR NOSSO OUVIR

1. **Esteja sempre preparado e desejoso em ouvir Deus.**

*"...Quem tem ouvidos para ouvir, ouça." Lc 8:8b*

*"Oh! Quão doces são as tuas palavras ao meu paladar! Mais doces que o mel à minha boca." Sl. 119:103*

2. **Trabalhe as atitudes que atrapalham o ouvir Deus. ( Lc 8:4-15 )**

*"Vede, pois, como ouvís;" Lc 8:18*

- **A mente fechada** – É o medo, orgulho ou amargor que estão me prejudicando no ouvir Deus?
- **A mente superficial** – Realmente eu estou querendo ouvir Deus?
- **A mente preocupada** – Será que eu estou tão ocupado e preocupado com outras coisas que não me concentro no que Deus me diz?

3. **Confesse qualquer pecado que tenha cometido.**

*"Pelo que, despojando-vos de toda sorte de imundícia e de todo vestígio do mal, recebei com mansidão a palavra em vós implantada." Tg 1:21*

4. **Anote as coisas que você ouve.**

*"Por isso convém atentarmos mais diligentemente para as coisas que ouvimos, para que em tempo algum nos desviemos delas." Hb 2:1*

5. **Pratique o que você ouve.**

*"E sede cumpridores da palavra e não somente ouvintes, enganando-vos a vós mesmos." Tg 1:22*

*"Mas quem examina bem a lei perfeita (...) não é somente ouvinte, mas praticante do que essa lei manda. E Deus abençoará tudo o que essa pessoa fizer." Tg 1:25 (LH)*

RESPOSTAS:
*[4]DIÁRIAMENTE; [5]15 MINUTOS;*

## COMO LER A PALAVRA DE DEUS

*"Feliz quem lê este livro(...) e obedecem o que está escrito..." Ap 1:3 (LH)*

**Com que freqüência estou lendo a Palavra de Deus? ________[4].**

*"... e todos os dias de sua vida lerá essa Lei, para que aprenda a temer o Eterno, o nosso Deus, e para que sempre obedeça fielmente a todas as leis e a todos os mandamentos." Dt 17:19 (LH)*

**Sugestões:**

- Leia sistematicamente.
- Leia Bíblia sem ser sublinhada ou com anotações.
- Leia em diferentes traduções.
- Leia num lugar tranqüilo.
- Sublinhe ou pinte os versículos principais.
- Escolha um plano de leitura e siga-o.

Se eu ler aproximadamente ______[5] por dia, lerei a Bíblia toda em 1 ano.

## COMO ESTUDAR A PALAVRA DE DEUS

*"...porque receberam a palavra com toda avidez, examinando diariamente as Escrituras para ver se estas coisas eram assim." At. 17:11*

*"...aprovado, como obreiro (...) que maneja bem a palavra da verdade." II Tm 2:15.*

A diferença entre ler e estudar a Bíblia é que você ______[6] quando está estudando.

O segredo do estudo bíblico efetivo é saber como __________ ___________[7].

# 04 ESTUDO

**RESPOSTAS:** [6]USA O LÁPIS; [7]FAZER AS PERGUNTAS CORRETAMENTE

**05**
**ESTUDO**

# COMO MEMORIZAR A PALAVRA DE DEUS

*"...Siga as minhas instruções com o mesmo cuidado com que você protege os seus olhos. Guarde sempre os meus ensinamentos bem gravados em seu coração." Pv 7:2,3 (LH)*

## BENEFÍCIOS DE MEMORIZAR AS ESCRITURAS

1. **Ajuda-me a resistir às _______[1].**

*"Escondi a tua palavra no meu coração, para não pecar contra ti." Sl 119:11*

2. **Ajuda-me a tomar decisões _______[2].**

*"Lâmpada para os meus pés é a tua palavra, e luz para meus caminhos." Sl 119:105*

3. **Fortalece-me quando estou _______[3].**

*" ... a promessa que tem sido a minha esperança. No sofrimento eu fui consolado porque a tua promessa me deu novas forças." Sl 119:49,50 (LH)*

4. **Conforta-me quando estou _______[4].**

*"... as tuas palavras encheram meu coração de alegria e felicidade." Je 15:16 (LH)*

5. **Ajuda-me no testemunho aos _______[5].**

*"... e estai sempre preparados para responder (...) a todo aquele que vos pedir a razão da esperança que há em vós." I Pe 3:15*

## QUANDO MEMORIZAR UM VERSÍCULO

1. Durante sua hora tranqüila.
2. Enquanto estiver se exercitando (ginástica).
3. Enquanto estiver esperando. (P.e. num consultório)
4. Ao dormir. (Sl 63:6)

*RESPOSTAS:*
*[1]TENTAÇÕES; [2]SÁBIAS; [3]ESTRESSADO; [4]TRISTE; [5]NÃO-CRENTES.*

## COMO MEMORIZAR UM VERSÍCULO

1. Escolha um versículo que fale para você.
2. Diga a referência ANTES e DEPOIS de falar o verso.
3. Leia em voz alta muitas vezes. Rememore.
4. Divida o versículo em frases completas.
5. Enfatize as palavras principais quando citar o versículo.
6. Escreva o versículo em um cartão.
7. Carregue esse cartão com você para revisão.
8. Coloque os versos em locais estratégicos.
9. Sempre memorize o versículo como está escrito.
10. Escreva o verso e vá apagando as palavras, uma de cada vez.
11. Se possível, faça música com o versículo.
12. Arranje um companheiro para "diálogo" de versículos.

**Nossa sugestão é que você memorize dois versículos por semana.**

- **Três dicas para memorização:** ______, ______, ______[6]

*"A lei dada por ti vale muito mais para mim do que toda a riqueza do mundo." Sl 119:72*

*RESPOSTAS:*
*[6]REVISÃO, REVISÃO, REVISÃO.*

# 06 ESTUDO

# COMO MEDITAR NA PALAVRA DE DEUS

*"...o seu prazer está na lei do Deus Eterno, e nessa lei medita dia e noite. Essa pessoa é como uma árvore que cresce na beira de um riacho; ela dá frutos no tempo certo (...) E tudo que essa pessoa faz dá certo." Sl 1:2,3 (LH)*

**I Timóteo 4.13-15** - Paulo aconselhou ao seu auxiliar, o jovem pastor Timóteo, que persistisse em ler e em meditar sobre a Palavra de Deus. Isto quer dizer que, além de ler constantemente, o servo de Deus precisa meditar.

Idéia semelhante encontra-se no livro de Salmos, capítulo 1. Aí é declarado feliz o homem que ama a palavra de Deus e medita nela de dia e de noite.

Vale esclarecer que, originalmente, o termo aí traduzido por **meditar** significa, literalmente, ***"ruminar"****: engolir, devolver, mastigar e tornar a engolir*. A idéia é que o estudante da Bíblia deve pensar sobre o sentido das palavras e do contexto. Deve perguntar-se: que diz a passagem? que significa? que aplicação tem para mim? Deve anotar os problemas que encontrar e procurar solução para eles. Não basta a simples e superficial leitura. É PRECISO MEDITAR NO QUE SE LÊ.

**Meditação** é _______________[1] sobre o texto bíblico de modo a descobrir como posso aplicar suas verdades à minha vida.

*RESPOSTAS:*
*[1]FOCAR O PENSAMENTO;*

## POR QUE MEDITAR NAS ESCRITURAS?

**É a forma básica para que eu me torne semelhante a Jesus.**

*"...pois a sua vida é dirigida pelos seus pensamentos." Pv 4:23 (LH)*

*"...mas transformai-vos pela renovação da vossa mente..." Rm 12:2*

*"...Mas todos nós (...)refletindo como um espelho a glória do Senhor, somos transformados de glória em glória na mesma imagem..." II Co 3:18*

**É um meio de ter as orações respondidas.**

*"Se vós permanecerdes em mim, e as minhas palavras permanecerem em vós, pedí o que quiserdes, e vos será feito." Jo 15:7.*

**É um meio de ter uma vida vitoriosa.**

*"Não cesses de falar deste livro da lei; antes medita nele (o livro) dia e noite, para que tenhas cuidado de fazer tudo o que nele está escrito; porque então farás prosperar o teu caminho, e serás bem sucedido." Js 1:8.*

**É o único manual do crente na vida cristã e no trabalho do Senhor.**

*"Procura apresentar-se a Deus, aprovado, como obreiro que não tem de que se envergonhar, que maneja bem a Palavra da verdade" (II Timóteo 2.15).*

**Ela alimenta nossas almas.**

*"Jesus, porém, respondeu: Está escrito: Não só de pão viverá o homem, mas de toda palavra que procede da boca de Deus" (Mateus 4:4). "Desejai ardentemente, como crianças recém-nascidas, o genuíno leite espiritual, para que por ele vos seja dado crescimento para salvação" ( I Pedro 2.2).*

**Ela é arma que o Espírito Santo usa.**

*"Tomai também o capacete da salvação e a espada do Espírito que é a Palavra de Deus" (Efésios 6:17).*

**Ela enriquece espiritualmente a vida do cristão.**

*"Para mim vale mais a lei que procede de tua boca, do que milhares de ouro ou de prata" (Salmo 119:72).*

*"Para que o Deus de nosso Senhor Jesus Cristo, o Pai da Glória, vos conceda espírito de sabedoria e de revelação no pleno conhecimento dEle" (Efésios 1:17).*

**Ela nos fortalece.**

*"Jovens, eu vos escrevi porque sois fortes e a palavra de Deus permanece em vós" (I João 2:14)."Fortalece-me segundo a tua palavra"(Salmo119:28).*

**Ela nos purifica.**

*"Vós já estais limpos pela palavra que vos tenho falado" (João 15:3). "De que maneira poderá o jovem guardar puro o seu caminho? Observando-o segundo a tua palavra" (Salmo 119:9).*

**Ela traz alegria ao nosso coração.**

*"Tenho dito estas cousas para que o meu gozo esteja em vós, e o vosso gozo seja completo" (João 15:11).*

**Ela nos traz sabedoria.**

*"Os teus mandamentos me fazem mais sábios que os meus inimigos... compreendo mais do que todos os meus mestres, porque medito nos teus testemunhos" (Salmo 119:98,99).*

**Ela orienta nossa vida e nossas decisões.**

*"Lâmpada para os meus pés é a tua palavra e luz para os meus caminhos" (Salmo 119:105).*

## SEIS FORMAS DE MEDITAR NUM VERSÍCULO

- **Imagine!** – Visualize a cena em sua mente.
- **Pronuncie!** – Diga em voz alta, cada vez enfatizando uma palavra diferente.
- **Parafraseie!** – Re-escreva o versículo em suas próprias palavras.
- **Personalize!** – Mude os nomes e os pronomes do verso para o seu próprio nome.
- **Ore!** – Transforme o verso em uma oração e a coloque de volta a Deus.

- **Investigue!** – Faça as nove perguntas seguintes: (perguntas AMOVEPAPE).

**Há qualquer:**

- **A**TITUDE para ________[2]?
- **M**ANDAMENTO para ________[3]?
- **O**RAÇÃO para ________[4]?
- **V**ERDADE para ________[5]?
- **E**XEMPLO para ________[6]?
- **P**ROMESSA para ________[7]?
- **A**LGO para ________[8]?
- **P**ECADO para ________[9]?
- **E**RRO para ________[10]?

**RESPOSTAS:** [2]MUDAR; [3]OBEDECER; [4]FAZER; [5]CRER; [6]SEGUIR; [7]PEDIR; [8]AGRADECER; [9]CONFESSAR; [10]EVITAR;

## COMO USAR A PALAVRA DE DEUS

*"E sede cumpridores da Palavra e não somente ouvintes, enganando-vos a vós mesmos." Tg 1:22*

*..." aquele, porém, que os cumprir e ensinar será chamado grande no reino dos céus." Mt 5:19b*

## APLICANDO O PRINCÍPIO DA PONTE

- **Primeira pergunta:** *O que o verso significa para quem o ouviu naquela época?*
- **Segunda pergunta:** *O que está nas entrelinhas deste princípio eterno?*
- **Terceira pergunta:** *Onde ou como eu posso praticar esse princípio?*

ESTUDO

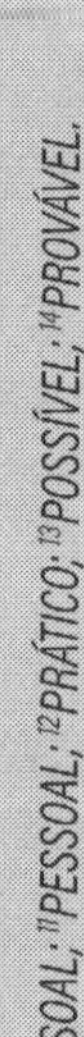


Escreva uma sentença que descreva um projeto ou ação que você pode aplicar à verdade:

A maior parte das aplicações vai focalizar uma das três seguintes RELAÇÕES:

**Com Deus...** **Comigo mesmo...** **Com os outros....**

AS QUATRO MARCAS DE UM BOM PROJETO DE APLICAÇÃO

- É ________[11]
- É ________[12]
- É ________[13]
- É ________[14]

*"Agora vocês conhecem esta verdade e, se a praticarem, serão felizes." Jo 13:17 (LH)*

# O HÁBITO DA HORA TRANQÜILA



## UM TEMPO DIÁRIO COM DEUS

*"Mas quem examina bem a lei perfeita que dá liberdade às pessoas e continua firme nela não é somente ouvinte, mas praticante do que essa lei manda. E Deus abençoará tudo o que essa pessoa fizer." Tg 1:25.*

## COMO REALIZAR SUA HORA TRANQÜILA

Hora Tranqüila é o momento diário que eu separo para estar à sós com Deus com a finalidade de conhecê-Lo através da Bíblia e da oração.

## A IMPORTÂNCIA DA HORA TRANQÜILA

O seu tempo à sós com Deus deve ter prioridade máxima na sua agenda por 5 razões:

1. **Nós fomos ________[1] para ter comunhão com Deus.**

*"E Deus criou o homem à sua imagem"... Gn 1:27; 2:7; 3:8*

*"Escutem: estou à porta e bato. Se alguém ouvir a minha voz e abrir a porta, eu entrarei na sua casa, e nós jantaremos juntos." Ap 3:20 (LH).*

2. **Jesus ________[2] para fazer a relação com Deus possível.**

*"Deus é fiel e ele os chamou para que tenham comunhão com o seu Filho Jesus Cristo, o nosso Senhor." I Co 1:9 (LH).*

3. **Tempo pessoal com Deus foi usado por Jesus como fonte de ________[3]. (Mc 1:35; Lc 22:39; Lc 15:16).**

*"Jesus sempre saía para os lugares solitários e orava."*

4. **Todas as pessoas que têm sido efetivas em ________[4] a Deus, desenvolveram esse hábito.** *(Abraão, Moisés, David, Daniel, Paulo e outros).*

5. **Você não pode ser um cristão________[5] sem esse hábito!**

*..." o ser humano não vive só de pão, mas vive de tudo o que Deus diz."*

***RESPOSTAS:***
*[1]CRIADOS; [2]MORREU; [3]FORTALECIMENTO; [4]SERVIR; [5]SAUDÁVEL ;*

*Mt 4:4 (LH)*

*"Obedeço aos mandamentos de Deus; sempre faço a sua vontade e não a minha." Jó 23:12 (LH)*

*"Como pode um jovem conservar pura a sua vida? É só obedecer aos teus mandamentos." Sl 119:9.*

RESPOSTAS:
[6]DEVOÇÃO; [7]DIREÇÃO;

## O PROPÓSITO DA HORA TRANQÜILA

1. **Dar _______[6] a Deus.**

*"Tributai ao Senhor a glória devida ao seu nome; adorai ao Senhor vestidos de trajes santos." Sl 29:2*

*"Tudo o que Ezequias fez (...) deu certo, porque ele procurou sempre seguir com todo o coração a vontade de Deus." II Cr 31:21 (LH)*

Deus merece nossa devoção! (Ap 4:11)
Deus deseja nossa devoção! (Jo 4:23)

2. **Receber _______[7] de Deus**

*"Ó Deus Eterno, ensina-me os teus caminhos; faze que eu os conheça bem." Sl 25:4 (LH)*

## DUAS COISAS A FAZER NA HORA TRANQÜILA:

1. **Considere suas condições pessoais** – *"Pense bem no que você vai fazer, e todos os seus planos darão certos." Pv 4:26 (LH)*

*"Lembre-se de Deus em tudo que fizer, e ele lhe mostrará o caminho certo." Pv 3:6 (LH)*

2. **Comprometa o seu dia** – *"Ponha a sua vida nas mãos do Deus Eterno, confie nele e ele ajudará." Sl 37:5 (LH)*

- **DELEITAR-SE em Deus**

"Deleita-te também no Senhor, e ele te concederá o que deseja o teu coração." Sl 37:4

"A tua presença me enche de alegria e me traz felicidade para sempre." Sl 16:11 (LH)

**O fato:** Quanto mais eu conheço ao Senhor, mais EU O AMO.

O objetivo de sua Hora Tranqüila não deve ser estudar sobre Cristo, mas gastar tempo com Ele de verdade.

**Crescer ________[8] com Deus**

*"Visto como seu divino poder nos tem dado tudo o que diz respeito à vida (...)ele nos tem dado suas grandíssimas promessas, para que por elas vos torneis participantes da natureza divina." II Pe 1:3,4; II Coríntios 3:18*

*"Os membros do Conselho Superior ficaram admirados com a coragem de Pedro e João (...) Então reconheceram que eles tinham sido companheiros de Jesus." At 4:13 (LH)*

## COMO INICIAR A HORA TRANQUILA?

- Primeiro passo: Escolha uma hora apropriada.
- O melhor momento para minha Hora Tranqüila é _______ ____________[9].

## RAZÕES PARA A HORA TRANQÜILA SER CEDO DE MANHÃ:

- Exemplo de personagens bíblicos: Abraão, Jacó, Moisés, Ana, Jó, Ezequias, Davi, Daniel, Jesus e outros.
- É razão lógica começar o dia com Deus.
- "O melhor momento para você afinar o seu instrumento é antes do concerto e não depois".
- Demonstra que encontrar-se com Deus é sua maior prioridade. Você dá a Deus a primeira parte do seu dia
- Você estará mais descansado, sua mente menos carregada e é, geralmente, o tempo mais tranqüilo do dia.

**Qualquer hora que você escolher ______________[10].**

*RESPOSTAS:*
*[8]DIARIAMENTE; [9]QUANDO EU ESTOU NO MEU MELHOR;*
*[10]SEJA PERSISTENTE EM OBSERVÁ-LA.*

**07**
**ESTUDO**

## QUANTO TEMPO DEVE DURAR A HORA TRANQUILA?

**Três Orientações:**

- Comece com 15 minutos e vá progressivamente.
- Não fique olhando seu relógio.
- Dê ênfase à qualidade de seu tempo, não a quantidade.

**1. Escolha um lugar apropriado.**

*"Jesus saiu e foi, como de costume, ao Monte das Oliveiras." Lc 22:39 (LH)*

**Um Fator Muito Importante:** *"De manhã bem cedo, quando ainda estava escuro, Jesus se levantou e foi para um lugar deserto e ficou ali orando. " Mc 1:35 (LH)*

**2. Tenha à mão o material que você precisa.**

- A Bíblia – de leitura fácil.
- Um caderno – anote o que Deus lhe revela.
- Um hinário – se você quiser cantar.

**3. Inicie com atitudes corretas.**

________[11]: *"Aquietai-vos, e sabei que eu sou Deus;" Sl 46:10*

__________[12]: *"Abre meus olhos para que eu possa ver as verdades maravilhosas da tua lei." Sl 119:18(LH)*

___________[13]: *"Se alguém quiser fazer a vontade de Deus, saberá se o meu ensino vem de Deus"...Jo 7:17*

**RESPOSTAS:**
*[11]REVERÊNCIA; [12]EXPECTATIVA; [13]DESEJO DE OBEDECER;*

## COMO SUPERAR OS PROBLEMAS QUE ATRAPALHAM SUA HORA TRANQÜILA

### 1. O problema da Disciplina.

O primeiro problema a ser vencido é quanto ao horário em que você acorda todo o dia. *"Será que vou pular fora da cama?"*

**Sugestões:**

- Vá para a cama ______________[14].
- Pule fora da cama ______________[15].
- Fique alerta contra os _______[16] da Hora Tranqüila
- Vá para a cama à noite com ______________[17].

### 2. O problema das Distrações.

O Diabo vai tentar usar todo o tipo de coisas para distrair sua mente durante a Hora Tranqüila.

**Sugestões:**

- Pule fora da __________[18]. (Nunca deitado na cama)
- Esteja completamente __________[19].
- Leia e ore __________[20].
- Mantenha o seu __________[21].

### 3. O problema do Vazio.

Algumas vezes você vai se sentir como se não estivesse aprendido ou usufruído de nada de sua Hora Tranqüila.

- Nunca julgue sua HT pelos seus __________[23].
- Possíveis causas do vazio espiritual:
- Condições físicas
- Desobediência a Deus

**RESPOSTAS:**
[14]NO HORÁRIO DETERMINADO; [15]IMEDIATAMENTE ; [16]LADRÕES;
[17]PENSAMENTOS ESPIRITUAIS; [18]CAMA; [19]ACORDADO; [20]EM VOZ ALTA;
[21]CADERNO POR PERTO; [22]ACORDADO; [23]SENTIMENTOS

- Fazer a HT apressadamente
- Entrar na rotina
- Não compartilhar suas experiências com outros

**4. O problema da Diligência.**

Seu maior problema vai ser a luta pela persistência. Este é o momento contra o qual Satanás vai brigar com todas as suas armas.

**Sugestões:**

- Faça um pacto ou voto a Deus.
- Agende sua HT no seu calendário diário.
- Esteja preparado para as desculpas diabólicas.
- Deixe sua Bíblia já aberta, à noite, no texto de sua HT.

**E se eu não fiz minha Hora Tranqüila hoje?**

- **Não se** ________[22].
- **Não seja** ________[23].
- **Não** ________[24].

RESPOSTAS: [22]CULPE; [23]LEGALISTA; [24]DDESISTA;

Demora cerca de 3 semanas para você se habituar com um novo desafio.

Então mais 3 semanas antes de se tornar um hábito confortável.

*"Não nos cansemos de fazer o bem. Porque, se não desanimarmos, colheremos quando chegar o tempo." Gl 6:9*

08
ESTUDO

# O HÁBITO DA ORAÇÃO

## FALANDO COM DEUS

**Alguns pensamentos sobre Oração:**

- "Se quisermos estar em pé diante dos homens nós precisamos estar de joelhos diante de Deus".
- "Quanto o crente ora: o céu se move; o inferno trem; coisa nova acontece na terra.
- "Oração: Indicador segura da nossa "Grandeza" Espiritual".
- "Satanás usará todo o seu poder para impedir que nos tornemos homens e mulheres de oração."
- "Quando para o mundo só resta o desespero, para os filhos de Deus ainda há o recurso da oração."
- "A oração é o único meio que temos para que Deus abra os céus e faça descer a sua bênção sobre nós."
- "A oração tem o poder de trazer o céu à terra, quando isso acontece – sobra para o Diabo, somente o inferno."

*"Vivam alegres com a esperança que vocês têm; tenham paciência nas dificuldades e nunca deixem de orar." Rm 12:12 (LH)*

## COMO REVITALIZAR SEU HÁBITO DA ORAÇÃO

1. **Tenha uma atitude correta a respeito da oração. (Mt 6:5-8).**

**Seja** ________[1]

*"E, quando orardes, não sejais como os hipócritas; pois gostam de orar em pé nas sinagogas, e às esquinas das ruas, para serem vistos pelos homens." V. 5.*

- Não tente IMPRESSIONAR ________[2].
- Não tente IMPRESSIONAR ________[3].

**RESPOSTAS:**
[1]REAL (SINCERO); [2]OS OUTROS.; [3]A DEUS;

**Esteja ________**[4]

*"Mas tu, quando orares, entra no teu quarto e, fechando a porta, ora a teu Pai que está em secreto; e teu Pai, que vê em secreto, te recompensará." v. 6*

**Seja ________**[5].

*"E, orando, não useis de vãs repetições, como os gentios; porque pensam que pelo seu muito falar serão ouvidos. (...) porque o vosso Pai sabe o que vos é necessário, antes de vós lho pedirdes." V.7,8.*

2. **Use o modelo dado por Jesus ( Mt 6:9-15) ...*"então orareis assim"...***

## AS SEIS PARTES DA ORAÇÃO
### PRIMEIRA PARTE: LOUVOR

Inicio por ________________[6]

*"Pai nosso que estás nos céus, santificado seja o teu nome;" v 9.*

Há dois tipos de oração:

__________[7] – Louvar a Deus pelo que Ele é.

__________[8] – Louvar a deus pelo que Ele faz

**Sugestões de como louvar a Deus:**

**Primeiro passo:**

Ao ler a sua Bíblia, faça uma lista sobre as qualidades e o caráter de Deus que você percebe e então faça uma revisão enquanto ora.
**Exemplos:**

- Deus é paciente – Nm 14:18
- Deus é misericordioso – Nm 14:18
- Deus é perdoador – Nm 14:18
- Deus sabe todas as coisas - I Sm 2:2
- Deus é amor – I Jo 4:8

RESPOSTAS:
[4]RELAXADO; [5]TRANSPARENTE ; [6]EXPRESSAR O MEU AMOR A DEUS;
[7]ADORAÇÃO; [8]AÇÃO DE GRAÇAS;

_______________[9]é a base de nossa coragem em fazer petições a Deus. Deus responde às orações que reconhecem quem Ele é!

**Segundo passo:**

Lembre-se das promessas que Deus fez e estão contidas nos significados do seu nome.

**Terceiro passo:**

Faça uma lista de tudo que você tem para agradecer e ore agradecendo.

## SEGUNDA PARTE: PROPÓSITO

Eu me comprometo aos propósitos _______________ _______________[10].

*"Venha o teu reino, seja feita tua vontade, assim na terra como no céu." V.10*

- Ore para que a vontade de Deus seja feita... em minha família... minha igreja... meu ministério... meu trabalho... meu futuro... minha cidade... minha nação... o mundo.

*..."peço que vocês se ofereçam como sacrifício vivo, dedicado ao serviço e agradável a ele. Esta é a verdadeira adoração que vocês devem oferecer." Rm 12:1 (LH)*

## TERCEIRA PARTE: PROVISÃO

Eu peço que Deus ________[11] minhas necessidades. *"o pão nosso de cada dia nos dá hoje;" v. 11.*

Sobre que necessidades eu devo orar? ______[12].

*"E o meu Deus lhes dará tudo o que vocês precisam, de acordo com as gloriosas riquezas que ele tem para oferecer por meio e Cristo Jesus." Fp 4:19 (LH)*

*"Aquele que nem mesmo a seu próprio Filho poupou, antes o entregou por todos nós, como não nos dará também com ele todas as coisas ?" Rm*

**RESPOSTAS:**
*[9]O CARÁTER DE DEUS; [10]DE DEUS E SUA VONTADE PARA MINHA VIDA; [11]SUPRA; [12]TODAS;*

*8:32*

**O segredo da resposta:** ______________[13].

Escreva seus pedidos. A Bíblia nos dá a garantia em promessa. Então, espere a resposta de Deus!

*"Não andeis ansiosos por coisa alguma; antes em tudo sejam os vossos pedidos conhecidos diante de Deus pela oração e súplica com ações de graças." Fp 4:6.*

## QUARTA PARTE: PERDÃO

Peço a Deus para ______________[14]

*"e perdoa-nos as nossas dívidas..." v 12*

**Quatro passos para o perdão:**

1. Peça ao Espírito Santo para _______[15] todos os pecados.

*"Sonda-me, ó Deus, e conhece o meu coração; prova-me, e conhece os meus pensamentos, vê se há em mim algum caminho perverso..." Sl 139:23,24.*

2. Confesse cada pecado _________[16].

*"Quem tenta esconder o seu pecado não terá sucesso na vida, mas Deus tem misericórdia de quem confessa os seus pecados e os abandona." Pv 28:13 (LH)*

3. Faça __________[17] aos outros quando necessário.

*"Portanto, se você for ao altar (...) e se lembrar ali de que o seu irmão tem alguma queixa contra você (...) vá logo fazer as pazes com o seu irmão. Depois volte e dê a oferta a Deus." Mt 5:23,24 (LH).*

4. Pela fé, _________[18] o perdão de Deus.

*"Se confessarmos os nossos pecados, ele é fiel e justo para nos perdoar os pecados e nos purificar de toda a injustiça." I Jo 1:9*

**RESPOSTAS:**
*[13]SEJA ESPECÍFICO NO PEDIR; [14]PERDOAR MEUS PECADOS.; [15]REVELAR;*
*[16]ESPECIFICAMENTE; [17]RESTITUIÇÃO; [18]ACEITE;*

## QUINTA PARTE: PESSOAS

Eu oro por ________[19].

*"...assim como nós temos perdoado aos nossos devedores." V.12b*

*"Em primeiro lugar peço que sejam feitas orações, pedidos, súplicas e ações de graças a Deus por todos." I Tm 2:1 (LH)*

Se você quer saber como orar pelos outros: __________[20].

*Faça uma lista de oração com o nome das pessoas por quem você quer orar. Você pode orar por diferentes pessoas em dias diferentes da semana.*

## SEXTA PARTE: PROTEÇÃO

Peço pela ______________[20]

*"E não nos deixes entrar em tentação; mas livra-nos do mal." V. 13*

Os crentes enfrentam batalhas espirituais todo o dia. Satanás que derrotar-nos através da tentação e do medo. Orando pela proteção, você adquire confiança para enfrentar qualquer situação.

*"...Porque o Espírito que está em vocês é mais forte do que o espírito daqueles que pertencem ao mundo." I Jo 4:4b (LH)*

## OS NOMES DE DEUS

Você sabia que Deus possui nomes diferentes? Todos eles estão na Bíblia e cada nome descreve uma faceta do Seu caráter. Você pode usar cada um dos 8 nomes para saber como Deus realmente é. Use os nomes de Deus em oração e louvor!

**OS OITO NOMES DE DEUS EM HEBRAICO – DECLARE QUEM DEUS** É

- **Jeovah-Shammah** - *"Deus está presente comigo " – Ez 48:35*
  Tu está comigo! Não estou só!
- **Jeovah-Rohi** - *"Deus é meu Pastor" - Sl 23:1*
  Tu me guias, me alimentas e me proteges!

***RESPOSTAS:***
*[19]OUTRAS PESSOAS; [20]FAÇA UMA LISTA; [21]PROTEÇÃO ESPIRITUAL DE DEUS.;*
*[12]TODAS;*

- **Jeovah-Jireh** - *"Deus é meu Provedor" - Gn 22:14*
  Tu sabes o que eu preciso mesmo antes de te pedir!
- **Jeovah-Rophe** - *"Deus é quem Cura" - Ex 15:26*
  Tu podes curar o meu corpo, emoções e relacionamentos!
- **Jeovah-Tsidkenu** - *"Deus é minha Justiça" – Jr 23:6*
  Tu me aceitas e me perdoas por causa de Jesus!
- **Jeovah-M'Kiddish** - *"Deus é minha santificação" - Lv 20:8*
  Tu me fazes santo e semelhante a Jesus!
- **Jeovah-Shalom** - *"Deus é minha Paz" – Ju 6:24*
  Tu me dás paz a despeito das circunstâncias!
- **Jeovah-Nissi** - *"Deus é minha Bandeira" - Ex 17:15*
  Tu és minha vitória nos conflitos e confrontos!

Pense nas implicações desses nomes e você terá razões de sobra para louvar a Deus!

# O HÁBITO DE ENTREGAR O DÍZIMO E AS OFERTAS

09
ESTUDO

## HONRANDO A DEUS COM O MEU DÍZIMO E AS MINHAS OFERTAS

*"No primeiro dia da semana, separe uma parte do que você ganhou como oferta. O que você der depende do quanto o Senhor o ajudou a ganhar." I Co 16:2 (BV)*

*"Também todos os dízimos da terra, quer dos cereais, quer dos frutos das árvores, pertencem ao Senhor; santos são ao Senhor". Lv 27:30.*

*"Roubará o homem a Deus? Todavia vós me roubais, e dizeis: Em que te roubamos? Nós dízimos e nas ofertas alçadas. Com maldição sois amaldiçoados, porque me roubais, vós, a nação toda. Trazei todos os dízimos à casa do tesouro(igreja), para que haja mantimento na minha casa, e depois fazei prova de mim, diz o Senhor dos exércitos, se eu não vos abrir as janelas do céu, e não derramar sobre vós uma bênção tal, que dela vos advenha a maior abastança". Malaquias 3.8-10.*

## DÍZIMO - FRUTO DE UMA VIDA DEDICADA À DEUS.

Aqui em nossa igreja nós entregamos o dízimo para o sustento do corpo de Cristo, à igreja, como Deus determinou. Reconhecemos que dar 10 por cento de nosso salário é o padrão bíblico do dar. Entregamos também as nossas Ofertas para fins determinados, tais como: Pagamento do alugueis; manutenções do templo, assistência social, campanhas missionárias, etc...

## COMO O DAR O DÍZIMO REVELA MINHA MATURIDADE ESPIRITUAL

*"Ora, assim como abundais em tudo: em fé, em palavras, em ciência, em todo o zelo(...)vede que também abundeis na graça de dar." II Co 8:7*

# POR QUE DEUS QUER QUE EU SEJA DIZIMISTA?

## 7 benefícios para minha vida

1. **Dar me faz ________[1].**

"Porque Deus amou o mundo que deu seu Filho unigênito"... Jo 3:16

2. **Dar dirige ______________[2].**

"Onde está o vosso tesouro, aí estará o vosso coração." Mt 6:21.

3. **Dar é o antídoto para ________[3].**

"Manda aos ricos deste mundo que não sejam altivos, nem ponham a sua esperança na incerteza das riquezas, mas em Deus, que nos concede abundantemente todas as coisas para delas gozarmos; que pratiquem o bem, que se enriqueçam de boas obras, que sejam liberais e generosos.(...) para que possam alcançar a verdadeira vida." I Tm 6:17-19.

4. **Dar fortalece _______[4].**

"Confia no Senhor de todo o teu coração, e não te estribes no teu próprio entendimento. Honra ao Senhor com os teus bens, e com as primícias de toda a tua renda, assim se encherão com fartura os teus celeiros." Pv 3:5,9,10.

"Daí, e ser-vos-á dado;(...)porque com a mesma medida com que medis, vos medirão a vós." Lc 6:38.

5. **Dar é um investimento __________[5].**

"Mande que façam o bem, que sejam ricos em boas ações, que sejam generosos e estejam prontos para repartir com os outros o que têm. Desse modo eles juntarão para si mesmos em tesouro que será uma base firme para o futuro. E assim conseguirão ganhar a verdadeira vida." I Tm 6:18,19 (LH).

6. **Dar me abençoa ________[6].**

"O homem generoso será abençoado"... Pv 22:9

"A alma generosa prosperará, e o que regar também será regado." Pv 11:25.

"Ditoso é o homem que se compadece e empresta"... Sl 112:5.

**RESPOSTAS:**
[1]SEMELHANTE A DEUS; [2]MINHA VIDA PARA MAIS PERTO DE DEUS.;
[3]MATERIALISMO; [4]MINHA FÉ; [5]PARA A ETERNIDADE; [6]DE VOLTA;

**7. Dar ________[7].**

*"...Coisa mais bem aventurada é dar do que receber." At 20:35b.*

## O QUE A BÍBLIA ENSINA SOBRE O DÍZIMO?

**O que é o Dízimo?** Significa a _______[8] parte.

Qual a diferença entre Dízimo e oferta ?

- O Dízimo é dar ____[9] do meu salário
- A oferta é qualquer coisa que eu dou _____[10] do meu Dízimo

## POR QUE DEVO ENTREGAR O DÍZIMO?

**8 razões da Palavra de Deus:**

**1. Porque Deus ________[11].**

*"Também todos os dízimos da terra, (...) pertencem ao Senhor; santos são ao Senhor." Lv 27:30.*

**2. Porque Jesus ________[12].**

*"...porque dais o dízimo da hortelã (...) porém devíeis fazer, sem omitir aquelas." Mt 23:23.*

**3. O dízimo representa que Deus tem _______________ ________[13].**

*"O propósito do dízimo é ensinar a você sempre colocar Deus em primeiro lugar em sua vida." Dt 14:23 (BV).*

**4. O dízimo me lembra que _______________[14].**

*"Antes te lembrarás do Senhor teu Deus, porque ele é que te dá força para adquirires riquezas." Dt 8:18.*

**5. O dízimo expressa meu _______________[15].**

*"Que darei eu ao Senhor por todos os benefícios que me tem feito?" Sl 116:12*



**RESPOSTAS:**
*[7]ME FAZ FELIZ; [8]DÉCIMA.; [9]10%; [10]ALÉM; [11]PORDENA; [12]RECOMENDA; [13]O PRIMEIRO LUGAR EM MINHA VIDA; [14]TUDO O QUE TENHO ME FOI DADO POR DEUS; [15]AGRADECIMENTO PELAS BÊNÇÃOS DE DEUS;*

# 09 ESTUDO

RESPOSTAS:
[16]ROUBO; [17]QUE EXISTE.; [18]REALMENTE AMO A DEUS; [19]PRIMEIRA; [20]RESTO;
[6]DE VOLTA;

*"Cada qual oferecerá conforme puder, conforme a bênção que o Senhor teu Deus lhe houver dado." Dt 16:17.*

6. **Deus diz que se negar a dar o dízimo é ________[16].**

*"Roubará o homem a Deus? Todavia vós me roubais, e dizeis: Em que te roubamos? Nos dízimos e nas ofertas alçadas. (...) Trazei todos os dízimos à casa do tesouro..." Ml 3:8,10.*

7. **O dízimo dá chances a Deus em provar ________[17] e que ele quer abençoar você.**

*"Trazei todos os dízimos à casa do tesouro (...) depois fazei prova de mim, diz o Senhor dos exércitos, se eu não vos abrir as janelas do céu, e não derramar sobre vós tal bênção, que dela vos advenha maior abastança." Ml 3:10.*

8. **O dízimo prova que eu ________[18].**

*"Se me amardes, guardareis meus mandamentos." Jo 14:15.*

*"E nesse serviço de amor queremos também que façam mais do que os outros. (...) Quero apenas que conheçam o entusiasmo dos outros para que vejam se o amor de vocês é verdadeiro." II Co 8:7b,8.*

## DÍZIMO - FRUTO DE UMA VIDA DEDICADA À DEUS.

*"Contribua de acordo com tua renda para que Deus não torne a tua renda de acordo com tua contribuição". Peter Marshall*

## O QUE EU DEVO DIZIMAR ?

A ______[19] parte do que eu ganho, não o ______[20].

*"Honra ao Senhor com os teus bens, e com as primícias de todas as tuas rendas." Pv3:9*

## ONDE DEVO ENTREGAR MEU DÍZIMO ?

Onde eu ________[21]. *"Trazei todos os dízimos à casa do tesouro"... Ml. 3:10.*

## QUANDO DEVO ENTREGAR MEU DÍZIMO ?

Devo entrega meu dízimo ______________________________[22].

*"No primeiro dia da semana cada um de vós ponha de parte o que puder, conforme tiver prosperado"... I Co 16:2.*

**Como lembrar:**

- Use um orçamento – No ponto n°1 – "Meu dízimo".
- Use envelopes apropriados.
- Ensine seus filhos a entregar o dízimo.

## DAR COM AS ATITUDES CORRETAS

- Dê ____________[22].

*"Porque, se há prontidão de vontade, é aceitável segundo o que alguém tem, e não segundo o que não tem." II Co 8:12.*

- Dê ____________[23].

*"... pois Deus ama ao que dá com alegria." II Co 9:7b.*

- Dê ____________[24].

*"Porque, dou-lhes testemunho de que, segundo as suas posses, e ainda acima de suas posses, deram voluntariamente, pedindo-nos, com muito encarecimento, o privilégio de participarem deste serviço a favor dos santos." II Co 8:3,4.*

- Dê ____________[25].

*"Mas digo isto: Aquele que semeia pouco, pouco também ceifará; aquele que semeia em abundância, em abundância também ceifará." II Co 9:6.*

**RESPOSTAS:**
*[21]CULTUO; [22]MENSALMENTE OU MESMO SEMANALMENTE; [9]10%; [10]ALÉM;*
*[22]COM BOA VONTADE; [23]COM ALEGRIA; [24]COM GENEROSIDADE;*
*[25]TCOM EXPECTATIVA.*

ESTUDO

## A CHAVE DO DAR

*"... MAS PRIMEIRAMENTE A SI MESMOS SE DERAM AO SENHOR..." II Co 8:5*

Quando você entrega a sua vida a Jesus Ele passa a ser o Senhor de tudo que você tem.

Você deve entregar seus Dízimos e Ofertas: com alegria, generosidade, voluntariedade e boa vontade, pois são elementos indispensáveis a quem quer contribuir. Qualquer dúvida, fale com o pastor.

**"PODE-SE DAR SEM AMAR, MAS NÃO SE PODE AMAR SEM DAR"**

Seja fiel na entrega de seus dízimos e de suas ofertas. Não deixe de dar, mensalmente, a sua oferta contribui com a manutenção da igreja.

Você não deve usar seu dízimo para dar oferta. O Dízimo é do Senhor.

*"Contribua de acordo com tua renda para que Deus não torne a tua renda de acordo com tua contribuição".* Peter Marshall.

# PARTICIPANDO DA FAMÍLIA DE DEUS

10
ESTUDO

*"Não abandonemos, como alguns estão fazendo, o costume de assistir às nossas reuniões. Ao contrário, animemos uns aos outros" ... Hb 10:25 (LH*

**Definição de "Comunhão"**

De acordo com o N.T, a comunhão tem a ver com aquela relação pessoal que os cristãos gozam com Deus e uns com os outros, em virtude de serem unidos a Jesus Cristo. Quem estabeleceu essa relação foi o Espírito Santo, que habita em todo cristão, unindo-o a Cristo e a todos os que são de Cristo. Essa relação se expressa de diversas maneiras, entre as quais: compartilhar bens materiais, cooperar na obra do evangelho, e manter a unidade e o amor entre os cristãos.

## IMPORTANTE EXEMPLO DA COMUNHÃO

*"Os que aceitaram a sua mensagem foram batizados, e naquele dia houve um acréscimo de cerca de três mil pessoas. Eles se dedicavam ao ensino dos apóstolos e à comunhão, ao partir do pão e às orações. Todos estavam cheios de temor, e muitas maravilhas e sinais eram feitos por meio dos apóstolos. Todos os que criam estavam juntos e tinham tudo em comum. Vendendo suas propriedades e bens, distribuíam a cada um conforme a sua necessidade. Todos os dias, continuavam a reunir-se no pátio do templo. Partiam o pão em suas casas, e juntos participavam das refeições, com alegria e sinceridade de coração, louvando a Deus e tendo a simpatia de todo o povo. E o Senhor lhes acrescentava todos os dias os que iam sendo salvos". (At 2.41-47)*

**Você analisa o exemplo:**

Nesse trecho de Atos 2, você deve ter notado várias características da comunhão. Anote aqui, as frases que combinem com essas características.

1. Quais as expressões de At 2.41-47 que indicam uma relação bem íntima entre aqueles cristãos e o Senhor?

2. Quais as expressões indicativas de que os cristãos compartilhavam bens materiais entre si?

________________________________________

3. Quais os indícios de que eles estavam cooperando na obra de evangelizar?

________________________________________

4. Nesse trecho, que provas você encontra de que esses irmãos, ao se reunirem, mantinham unidade e amor?

________________________________________

## CARACTERÍSTICAS DA COMUNHÃO

A comunhão tem certas características. Algumas, você já observou no trecho de At 2 que acaba de examinar. Outras, aparecem em diversos trechos do N.T. Podemos afirmar que a igreja que está demonstrando estas características, está experimentando a comunhão, no sentido bíblico do termo. Se faltarem tais características a determinada igreja, é provável que ela esteja passando por uma *"crise de comunhão".* Veja agora as principais características da comunhão:

1. De bom grado os cristãos se esforçam e dedicam tempo a estarem juntos para pensar nos princípios da Palavra de Deus, compartilhar experiências, orar e tomar a Ceia do Senhor (At 2.42).
2. Os cristãos têm prazer em compartilhar os seus bens materiais com irmãos necessitados (At 2.45; 2Co 8.3-4).
3. São unidos pelo Espírito Santo (a comunhão do Espírito Santo, 2Co 13.13 ou 14, dependendo da versão).
4. Cooperam na obra do evangelho (Fp 1.5; Hb 13.16)
5. Compartilham as alegrias do dia-a-dia, como verdadeiros amigos (At 2.46).
6. São unânimes quanto a propósitos e alvos (At 2.46).
7. Sentem alegria e expressam louvor, quando se reúnem (At 2.46-47).
8. Todos participam igualmente da vida e das atividades do pequeno grupo e da igreja em geral (At 2.44).

9. Confessam os pecados e recebem a purificação do sangue de Jesus Cristo, para manterem a unidade e o amor (1Jo 1.3, 6-7, 9).

## POR QUE A COMUNHÃO É TÃO IMPORTANTE?

1. Eu __________[1] na família de Deus com outros crentes.

*"Então, enquanto temos oportunidade, façamos bem a todos, mas principalmente aos domésticos da fé." Gl 6:10.*

*"Assim, pois, não sois mais estrangeiros, nem forasteiros, antes sois concidadãos dos santos e membros da família de Deus." Ef 2:19.*

*"Assim nós, embora muitos, somos um só corpo em Cristo, e individualmente membros uns dos outros." Rm 12:5.*

*"O cristão que não é comprometido com um grupo de outros cristãos para oração, compartilhar e servir, para ser conhecido e conhecer outros, não é um cristão obediente. Não está fazendo a vontade de Deus. Conquanto possa ter uma boa teologia, ele não está obedecendo ao Senhor." Dr. Ray Ortland.*

**RESPOSTAS:**
*[1]ESTOU COMPROMETIDO; [2]MDE ENCONRAJAMENTO;*
*[3]DE RESPONSABILIDADE;*

2. Eu preciso __________[2] para crescer espiritualmente.

*"E consideremo-nos uns aos outros, para nos estimularmos ao amor e às boas obras." Hb 10:24.*

*"É melhor haver dois do que um porque duas pessoas trabalhando juntas podem ganhar muito mais. Se uma delas cai, a outra a ajuda a se levantar. Mas, se alguém está sozinho e cai, fica em má situação porque não tem ninguém que o ajude a se levantar. Dois homens podem resistir a um ataque que derrotaria um deles se estivesse sozinho. Uma corda de três cordões é difícil de arrebentar." Ec 4:9,10,12.*

3. Eu preciso __________[3] para crescer espiritualmente.

*"As pessoas aprendem umas com as outras, assim como o ferro afia o próprio ferro." Pv 27:17. "Ao contrário, animem uns aos outros, enquanto*

*estivermos vivendo nesse 'hoje' de que falam as Escrituras Sagradas." Hb 3:13 (LH)*

*"Irmãos, se um homem chegar a ser surpreendido em algum delito, vós que sois espirituais, corrigí o tal com espírito de mansidão;(...) Levai as cargas uns dos outros, e assim cumprireis a lei de Cristo." Gl 6:1,2.*

4. Cristo __________[4] quando nós estamos juntos em comunhão.

*"Porque onde dois ou três estão juntos em meu nome, eu estou ali com eles." Mt 18:20 (LH).*

5. Há __________[5] quando as pessoas oram juntas.

*"Sempre que, na terra, dois de vocês pedirem a mesma coisa em oração, isso será feito pelo meu Pai que está no céu." Mt 18:19 (LH).*

6. Comunhão é uma __________[6] para o mundo.

*"Para que todos sejam um; assim como tu ó Pai, és mim, e eu em ti (...) para que o mundo creia que tu me enviaste." Jo 17:21.*

7. Eu sou __________[7] (estou ligado com) para todos os outros cristãos.

*"Servindo uns aos outros conforme o Dom que cada um recebeu, como bons despenseiros da multiforme graça de Deus." I Pe 4:10.*

*"E há diversidade de dons, mas o espírito é o mesmo. Ora, vós sois o corpo de Cristo, e individualmente seus membros." I Co 12:5,27*

## A MUTUALIDADE E A COMUNHÃO

Vimos que a comunhão se baseia numa relação entre pessoas, e tem diversas maneiras de se manifestar. Já que as relações são mais experimentadas do que vistas, não é fácil defini-las ou descrevê-las.

**RESPOSTAS:**
*[4]ESTA PRESENTA; [5]GRANDE PODER.; [6]FORMA DE EXEMPLO; [7]UM ELO DA CORRENTE; [20]RESTO; [6]DE VOLTA;*

A nossa união com Cristo, por exemplo, é uma verdade espiritual e, por isso mesmo, difícil de se explicar. Mas não deixa de ser verdadeira; tanto assim que somos co-herdeiros com Cristo. A nossa união com Cristo faz com que sejamos membros do seu Corpo e membros uns dos outros (Rm 12.5). Ninguém pode ver os laços que nos unem. O que se pode enxergar, isto sim, são as manifestações externas dessa relação. Entre todas as manifestações, a **mutualidade** é o meio mais prático de expressarmos a comunhão cristã.

### As expressões recíprocas

O termo **mutualidade** se refere às expressões recíprocas, ou seja, àquelas frases do N.T. onde aparecem as palavras uns aos outros. Descrevem situações em que cristão **A** faz algo por cristão **B**; e o **B**, por sua vez, se dispõe a fazer a mesma coisa em favor do irmão A. As expressões recíprocas do N.T. - podemos chamá-las de **mandamentos recíprocos** - indicam as nossas obrigações mútuas e as nossas oportunidades de expressar a vida em comum a nossa **mutualidade**.

### Comunhão e Mutualidade: conclusões

1. A relação entre comunhão e mutualidade é de causa e efeito. Onde existe a comunhão, ela se manifesta por meio da mutualidade.
2. Uma igreja, congregação, comunidade ou pequeno grupo que não está manifestando a comunhão por meio da mutualidade, precisa examinar a si mesma, para verificar se ela está ou não, em íntima comunhão com o Senhor Jesus.

***RESPOSTAS:***
*[21]CULTUO; [22]MENSALMENTE OU MESMO SEMANALMENTE.; [9]10%; [10]ALÉM;*
*[22]COM BOA VONTADE; [23]COM ALEGRIA; [24]COM GENEROSIDADE;*
*[25]TCOM EXPECTATIVA.*

11
ESTUDO

# COMO UMA IGREJA GRANDE PODE MANTER BONS RELACIONAMENTOS

**Cada membro precisa ser uma parte de uma** ________[1] (NEB, Célula).

*"E todos os dias, no templo e de casa em casa, não cessavam de ensinar" ...At 5:42.*

Dois tipos de reunião na igreja:

- Grupo Grande: __________[2].
- Grupo Pequeno (CELULA): __________[3].

*"Saudai também a igreja que está na casa deles"... Rm 16:5. Ver At 2:26; 8:3; 16:40; 20:20; I Co 16:19; Cl 4:15*

Em nossa igreja nós cremos que precisamos crescer GRANDE e PEQUENO ao mesmo tempo.

RESPOSTAS:
[1]CELULA; [2]CELEBRAÇÃO; [3]COMUNHÃO; [4]ESTUDO BÍBLICO;
[5]COMUNHÃO ENTRE OS IRMÃOS; [6]COMUNHÃO COM DEUS; [7]ORAÇÃO;
[8]ASSISTÊNCIA; [9]SOCIABILIDADE;

## QUAL O PROPÓSITO DAS CÉLULAS? AT 2:42-47.

1. __________[4]. *"E perseveravam na doutrina dos apóstolos" ...*
2. __________[5]. *..." e na comunhão" ...*
3. __________[6]. *" no partir do pão" ...*
4. __________[7]. *..." e nas orações."*

*"Pai Nosso (...) o pão nosso de cada dia nos dá hoje (...) e perdoa-nos as nossas dívidas, assim como nós também temos perdoado aos nossos devedores; e não nos deixes entrar em tentação; mas livra-nos do mal." Mt 6:9-13.*

5. __________[8] (APOIO). *..." e repartiam com todos, segundo a necessidade de cada um." ..." nenhuma igreja comunicou comigo no sentido de dar e receber, senão vós somente." Fl 4:15.*
6. __________[9]... *"e partindo o pão em casa, comiam com alegria e singeleza de coração." "Tenham o hábito de convidar pessoas para jantar em suas casas se eles precisam de alojamento por uma noite." Rm 12:13 (BV).*

7. __________[10]... " *louvando a Deus, e caindo na graça de todo o povo."*

8. __________[11] - GANHAR PESSOAS PRA JESUS! *"E cada dia acrescentava-lhes o Senhor os que iam sendo salvos."*

**11**

**ESTUDO**

**RESPOSTAS:**
[10]LOUVAR A DEUS; [11]E TUDO COM O PRINCIPAL PROPÓSITO.;

12
ESTUDO

# COMO INICIAR E MANTER BONS HÁBITOS

1. **Passo 1 -**__________[1]

Você deve começar com um desejo forte. Deve estar motivado interiormente. As motivações externas não perduram. Se você inicia seu processo dividido, não vai conseguir mantê-lo.

2. **Passo 2 -**__________[2]

Comece agora mesmo! Não deixe para depois. Seja firme e persistente. *"Vou começar qualquer dia desse!",* não existe. Esse dia nunca vai chegar. Tenha um ponto de partida. É mais fácil quebrar um mau hábito hoje do que amanhã.

*"Se você ficar esperando condições perfeitas, nunca vai conseguir nada". Ec 11:4*

3. **Passo 3 -**__________[3]

Anuncie suas intenções publicamente. Faça um pacto. Tome a resolução. O poder da decisão é grandioso. É ainda mais grandioso se você escreve sua decisão.*"Fazei votos, e pagai-os ao Senhor"... Sl 76:11*

4. **Passo 4 -** __________[4]

Nunca permita uma exceção até que o novo hábito esteja enraizado em sua vida. Cada lapso pode ser fatal. Uma simples escorregada, leva você a precisar começar tudo de novo. Continuidade e sucesso no iniciar são essenciais.

Nunca caia na tentação de dizer *"vou deixar só dessa vez".* O ato de ceder enfraquece o desejo e reforça sua falta de auto-controle. Você precisa de 3 semanas para se acostumar com um novo hábito e precisa de mais 3 ou 4 semanas (se fizer diariamente) para que esse hábito torne-se parte de sua vida.

5. **Passo 5 -**__________[5]

Sempre que você sentir ímpeto ou prontidão para praticar esse novo hábito – **pratique!** Não espere. Aproveite cada oportunidade para reforçar

*RESPOSTAS:*
*[1]DESEJO; [2]EDECISÃO; [3]DECLARAÇÃO; [4]DOMÍNIO; [5]DETERMINAÇÃO;*

esse hábito. Geralmente os sentimentos não persistem, assim quando você sentir o desejo de praticar seu novo hábito, **faça-o!**

6. **Passo 6 –**__________[6]

Arranje um companheiro que incentive e encoraje você. Encontre alguém disponível e que possa checar você especialmente nos primeiros dias da implantação do hábito.*"Melhor é serem dois do que um, porque têm melhor paga do seu trabalho. Pois se caírem, um levantará o seu companheiro"... Ec 4:9,10*

7. **Passo 7-** __________[7]

Confie no poder do Senhor para ajudá-lo a estabelecer o hábito desejado. Lembre-se, o diabo não que ver você desenvolver bons hábitos. Ele não quer que você cresça espiritualmente. Ele não quer que você seja semelhante a Cristo e assim vai fazer de tudo para tentá-lo, desanimá-lo e desistir. Portanto, ore!

*"Porque o Espírito que Deus nos deu não nos torna fracos; (...) nos enche de poder e de amor e nos dá domínio próprio". II Tm 1:7 (LH)*



**RESPOSTAS:**
*[6]LDIVIDIR; [7]DEPENDÊNCIA;*

# MATÉRIAL DE APOIO DO FACILITATOR

## ENTENDENDO O QUE É "MATURIDADE ESPIRITUAL"

### LEITURA DOS VERSÍCULOS:

*Efésios 4:13: "Até que todos cheguemos à unidade de fé e do pleno conhecimento do Filho de Deus, ao estado de homem feito, à medida da estatura da plenitude de Cristo."*

*Romanos 8:29a: "Porque os que dantes conheceu, também os predestinou para serem conformes à imagem de seu Filho..."*

*Lucas 14:27: "Quem não leva a sua cruz, e não me segue, não pode ser meu discípulo."*

*Lucas 9:23: "...Se alguém quer vir após mim, negue-se a si mesmo, tome cada dia a sua cruz, e siga-me."*

### INTRODUÇÃO:

Nesse encontro, vamos entender o que é maturidade espiritual e como isso se relaciona com ser discípulo de Cristo. Maturidade espiritual envolve sermos conformados à imagem de Cristo, um processo que exige disciplina e dedicação.

### PERGUNTAS PARA REFLEXÃO:

**O que significa ser maduro espiritualmente para vocês? Como isso se reflete na vida cotidiana?**

*Resposta: Ser maduro espiritualmente é demonstrar qualidades como amor, paciência, humildade, e confiança em Deus nas situações diárias.*

**Por que a maturidade espiritual não é um processo automático? O que é necessário para crescer espiritualmente?**

*Resposta: Não é automática porque requer esforço pessoal, estudo constante da Palavra de Deus, oração e aplicação prática dos ensinamentos bíblicos.*

## FACILITADOR:

Como crentes, somos chamados a ser discípulos de Cristo. Isso implica disciplina, dedicação e a disposição de 'levar a cruz.' Vamos explorar o que significa 'levar a cruz' no contexto de Lucas 14:27 e Lucas 9:23.

## PERGUNTA A GRUPO:

**O que vocês entendem por 'levar a cruz'? Como isso se aplica em nossas vidas hoje?**

*Resposta: Levar a cruz significa sacrificar nossos desejos pessoais em favor da vontade de Deus, mostrando amor e dedicação incondicionais a Ele e aos outros.*

## FACILITADOR:

Seguir Jesus no tempo de Nazaré tinha um significado físico e geográfico. Hoje, seguimos a Jesus de uma maneira diferente, mas igualmente comprometida. Como podemos aplicar o convite de Jesus para 'seguir-me' em nossas vidas modernas?

## CONCLUSÃO:

Hoje refletimos sobre a maturidade espiritual e o discipulado. Que cada um de nós busque diariamente ser como Cristo, levando a nossa cruz e seguindo-O em todas as áreas de nossas vidas.

## OS QUATRO HÁBITOS DO DISCÍPULO

### LEITURA DOS VERSÍCULOS:

*Colossenses 2:9,10: "...já vos despistes do homem velho com seus feitos, e vos vestistes do novo, que se renova para o pleno conhecimento, segundo a imagem daquele que o criou."*

*João 8:31,32: "...Se vós permanecerdes na minha palavra, verdadeiramente sois meus discípulos; e conhecereis a verdade, e a verdade vos libertará."*

*João 15:7,8: "Se vocês ficarem unidos comigo, e as minhas palavras continuarem em vocês, receberão tudo o que pedirem. (...) e assim vocês se tornam meus seguidores."*

*Lucas 14:33: "Assim, pois, todo aquele dentre vós que não renuncia a tudo o que possui, não pode ser meu discípulo."*

*João 13:34,35: "...Amem uns aos outros. Assim como eu vos amei, amem também uns aos outros. Se tiverem amor uns pelos outros, todos saberão que vocês são meus seguidores."*

*Romanos 6:19: "...No passado vocês se entregaram inteiramente como escravos da impureza e da maldade para servirem ao mal. Agora entreguem-se como escravos de Deus para viverem uma vida de santidade."*

### INTRODUÇÃO:

Hoje vamos explorar os quatro hábitos essenciais do discipulado e como eles contribuem para o nosso desenvolvimento espiritual.

### PERGUNTAS PARA REFLEXÃO:

**Como o tempo diário com a Palavra de Deus influencia nossa jornada espiritual?**

*Resposta: O tempo diário com a Palavra de Deus nos ajuda a permanecer na verdade de Cristo, fortalecendo nossa fé e compreensão.*

**Qual o papel da oração no discipulado?**

*Resposta: A oração nos mantém unidos a Cristo, permitindo que recebamos orientação divina e fortaleçamos nossa relação com Deus.*

**Como o dízimo e as ofertas refletem nosso compromisso com o discipulado?**

*Resposta: O dízimo e as ofertas são uma expressão de nossa entrega total a Deus, mostrando nossa confiança e obediência a Ele.*

**Por que a comunhão é vital para ser um discípulo?**

*Resposta: A comunhão reflete o amor de Cristo através de nossas relações, demonstrando ao mundo que somos seguidores de Jesus.*

## FACILITADOR:

Refletiremos sobre como podemos nos comprometer a praticar esses hábitos, transformando nosso caráter e destino, conforme *Romanos 6:19. "...No passado vocês se entregaram inteiramente como escravos da impureza e da maldade para servirem ao mal. Agora entreguem-se como escravos de Deus para viverem uma vida de santidade."*

## CONCLUSÃO:

Hoje discutimos os hábitos cruciais do discipulado e como eles moldam nossa vida espiritual. Que possamos nos esforçar para incorporá-los em nosso dia a dia, buscando uma vida de santidade e compromisso com Deus.

## LEITURA DO VERSÍCULO:

*II Timóteo 3:16,17: "Porque toda a Escritura Sagrada é inspirada por Deus e útil para ensinar a verdade, condenar o erro, corrigir as faltas e ensinar a maneira certa de viver. E isto para que o servo de Deus esteja completamente preparado e pronto para fazer todo o tipo de boas ações."*

## INTRODUÇÃO:

Nesse encontro, exploraremos informações gerais sobre a Bíblia, sua composição, tipos de literatura e a divisão entre o Velho e o Novo Testamento.

## PERGUNTAS PARA REFLEXÃO:

**Qual é a importância de conhecer a estrutura e os diferentes tipos de literatura na Bíblia?**

*Resposta: Conhecer a estrutura e os tipos de literatura da Bíblia nos ajuda a entender melhor o contexto, a mensagem e a aplicação dos ensinamentos em nossa vida.*

**Como a divisão histórica, poética e profética do Velho Testamento contribui para nossa compreensão da Bíblia?**

*Resposta: Essa divisão nos permite apreciar a diversidade literária e compreender como Deus se relacionou com a humanidade ao longo do tempo.*

**De que maneira os livros do Novo Testamento complementam os do Velho Testamento?**

*Resposta: Os livros do Novo Testamento apresentam a realização das profecias do Velho Testamento, a vida e ensinamentos de Jesus, a história da Igreja primitiva e orientações para a vida cristã.*

## FACILITADOR:

Vamos discutir como podemos aplicar de maneira prática os ensinamentos da Bíblia em nossa vida diária, baseando-nos nos diferentes estilos literários encontrados nela.

## CONCLUSÃO:

Hoje, exploramos a rica diversidade da Bíblia. Compreender sua estrutura e conteúdo é fundamental para obtermos o máximo de sua sabedoria e orientação para nossas vidas.

04
ESTUDO

MATÉRIAL DE APOIO PARA O FACILITATOR



## LEITURA DOS VERSÍCULOS:

*Romanos 10:17: "Logo a fé é pelo ouvir, e o ouvir pela palavra de Cristo."*

*Lucas 8:8b, 18: "...Quem tem ouvidos para ouvir, ouça."; "Vede, pois, como ouvís;"*

*Tiago 1:21, 22, 25: "...recebei com mansidão a palavra em vós implantada."; "E sede cumpridores da palavra e não somente ouvintes, enganando-vos a vós mesmos."; "E Deus abençoará tudo o que essa pessoa fizer."*

*Apocalipse 1:3: "Feliz quem lê este livro(...) e obedecem o que está escrito..."*

*Deuteronômio 17:19: "...e todos os dias de sua vida lerá essa Lei, para que aprenda a temer o Eterno, o nosso Deus, e para que sempre obedeça fielmente a todas as leis e a todos os mandamentos."*

*Atos 17:11: "...examinando diariamente as Escrituras para ver se estas coisas eram assim."*

*II Timóteo 2:15: "...aprovado, como obreiro (...) que maneja bem a palavra da verdade."*

## INTRODUÇÃO:

Hoje vamos estudar sobre seis maneiras efetivas de obter o máximo da Palavra de Deus, abrangendo desde ouvir até estudar a Bíblia.

## PERGUNTAS PARA REFLEXÃO:

**Quais são as formas eficazes de ouvir a Palavra de Deus?**

*Resposta: Ouvir a Palavra de Deus pode ser feito através da Bíblia em áudio, sermões na igreja, programas de rádio ou TV, e sermões gravados.*

**Como podemos melhorar nossa habilidade de ouvir a Palavra de Deus?**

*Resposta: Melhoramos ouvindo com um coração preparado e desejo de escutar Deus, trabalhando nas atitudes que atrapalham, confessando pecados e anotando o que ouvimos.*

**Qual é a importância de ler a Palavra de Deus regularmente?**

*Resposta: A leitura regular da Bíblia nos ajuda a crescer no conhecimento e no temor de Deus, e nos orienta a obedecer fielmente aos Seus mandamentos.*

**Como o estudo da Bíblia difere da leitura e quais são os recursos sugeridos para um estudo efetivo?**

*Resposta: O estudo da Bíblia envolve um exame mais profundo e questionamento, utilizando recursos como comentários bíblicos, dicionários e manuais para aprofundar a compreensão.*

## CONCLUSÃO:

Exploramos diversas maneiras de engajar com a Palavra de Deus, desde ouvir até estudar. Essas práticas nos ajudarão a crescer espiritualmente e a aplicar os ensinamentos bíblicos em nossa vida diária.

05

ESTUDO

MATÉRIAL DE APOIO PARA O FACILITATOR

## SEMANA 5

## COMO MEMORIZAR A PALAVRA DE DEUS

### LEITURA DOS VERSÍCULOS:

*Provérbios 7:2,3: "...Siga as minhas instruções com o mesmo cuidado com que você protege os seus olhos. Guarde sempre os meus ensinamentos bem gravados em seu coração."*

*Salmos 119:11: "Escondi a tua palavra no meu coração, para não pecar contra ti."*

*Salmos 119:72: "A lei dada por ti vale muito mais para mim do que toda a riqueza do mundo."*

### INTRODUÇÃO:

Hoje vamos explorar os benefícios de memorizar as Escrituras e como podemos efetivamente incorporar a Palavra de Deus em nossas memórias e corações.

### PERGUNTAS PARA REFLEXÃO:

**Quais são os benefícios de memorizar as Escrituras?**

*Resposta: Memorizar as Escrituras nos ajuda a resistir tentações, tomar decisões sábias, fortalece-nos em momentos de estresse, conforta-nos na tristeza e ajuda no testemunho aos não-crentes.*

**Como podemos melhorar nossa habilidade de memorizar versículos bíblicos?**

*Resposta: Melhoramos memorizando versículos relevantes, repetindo-os com suas referências, lendo em voz alta, dividindo em frases, enfatizando palavras-chave, escrevendo em cartões e colocando-os em locais estratégicos.*

**Quais são algumas técnicas eficazes para memorizar a Bíblia?**

*Resposta: Técnicas eficazes incluem escrever o versículo e ir apagando palavras gradualmente, criar músicas com os versículos e arranjar um parceiro para revisão e 'diálogo' de versículos.*

## CONCLUSÃO:

Discutimos várias maneiras de memorizar a Palavra de Deus, destacando a importância de revisar constantemente o que memorizamos. Essas técnicas nos ajudarão a manter a Palavra de Deus viva em nossos corações e mentes.

## LEITURA DOS VERSÍCULOS:

*Salmos 1:2,3: "...o seu prazer está na lei do Deus Eterno, e nessa lei medita dia e noite. Essa pessoa é como uma árvore que cresce na beira de um riacho; ela dá frutos no tempo certo (...) E tudo que essa pessoa faz dá certo."*

*I Timóteo 4:13-15: "Persista em ler e em meditar sobre a Palavra de Deus."*

## INTRODUÇÃO:

Hoje vamos aprender sobre a importância da meditação na Palavra de Deus e como isso pode transformar nossa vida espiritual e prática."

## PERGUNTAS PARA REFLEXÃO:

**Quais são os benefícios de meditar nas Escrituras?**

*Resposta: Meditar nas Escrituras nos ajuda a tornar-se semelhante a Jesus, ter orações respondidas, viver uma vida vitoriosa, fortalece-nos e traz sabedoria, alegria e orientação.*

**Como podemos praticar a meditação na Palavra de Deus?**

*Resposta: Podemos meditar visualizando a cena em nossa mente, pronunciando o versículo em voz alta, parafraseando em nossas próprias palavras, personalizando o verso, transformando-o em oração e investigando profundamente o seu significado.*

**Como aplicar os princípios bíblicos na vida diária?**

*Resposta: Aplicamos os princípios bíblicos interpretando o significado original do texto, identificando sua implicação eterna e personalizando a aplicação em nossa vida, seja em relação a Deus, a nós mesmos ou aos outros.*

## CONCLUSÃO:

Aprendemos métodos de meditar nas Escrituras e a importância de aplicar seus ensinamentos em nossa vida. Que essas práticas nos guiem para uma vida mais alinhada com a vontade de Deus e mais rica em entendimento espiritual.

07
ESTUDO

MATÉRIAL DE APOIO PARA O FACILITATOR

## PRIMEIRO HÁBITO - O HÁBITO DA HORA TRANQUILA

## LEITURA DOS VERSÍCULOS:

*Tiago 1:25: "Mas quem examina bem a lei perfeita que dá liberdade às pessoas e continua firme nela não é somente ouvinte, mas praticante do que essa lei manda. E Deus abençoará tudo o que essa pessoa fizer."*

## INTRODUÇÃO:

Neste estudo, exploraremos o hábito da 'Hora Tranquila', um momento diário dedicado a estar a sós com Deus através da Bíblia e da oração, e como estabelecê-lo de forma eficaz.

## PERGUNTAS PARA REFLEXÃO:

**Por que a 'Hora Tranquila' é essencial na vida de um cristão?**

*Resposta: A 'Hora Tranquila' é vital porque fomos criados para comunhão com Deus, Jesus morreu para tornar essa relação possível, e é um tempo de fortalecimento, devocional e direção de Deus.*

**Como posso efetivamente realizar minha 'Hora Tranquila'?**

*Resposta: Escolha um horário e local apropriados, prepare-se com o material necessário, comece com atitudes corretas e siga um plano simples, como 'Quinze Minutos com Deus'*

**Quais são as diretrizes para superar problemas comuns na prática da 'Hora Tranquila'?**

*Resposta: Para superar problemas como falta de disciplina, distrações e vazio espiritual, é importante ter consistência, preparar-se mentalmente e não se basear apenas nos sentimentos.*

## CONCLUSÃO:

Discutimos o valor da 'Hora Tranquila' e como estabelecê-la em nossa rotina diária. Este hábito é crucial para nosso crescimento e fortalecimento espiritual, permitindo-nos viver uma vida mais alinhada com a vontade de Deus.

## LEITURA DOS VERSÍCULOS:

*Tiago 1:25: "Mas quem examina bem a lei perfeita que dá liberdade às pessoas e continua firme nela não é somente ouvinte, mas praticante do que essa lei manda. E Deus abençoará tudo o que essa pessoa fizer."*

## INTRODUÇÃO:

Hoje focaremos no hábito da oração, explorando como podemos fortalecer nossa comunicação com Deus e tornar a oração uma parte integral de nossa vida espiritual.

## PERGUNTAS E RESPOSTAS PARA REFLEXÃO:

**Como podemos ter uma atitude correta em relação à oração?**

*Resposta: Para orar corretamente, devemos ser sinceros, relaxados e transparentes em nossa comunicação com Deus, evitando repetições vãs e buscando um relacionamento genuíno.*

**Quais são as partes essenciais de uma oração efetiva?**

*Resposta: Uma oração efetiva inclui louvor, compromisso com os propósitos de Deus, pedidos de provisão, confissão de pecados, intercessão por outras pessoas e pedidos de proteção espiritual.*

**Como podemos superar os problemas comuns que enfrentamos ao tentar estabelecer o hábito da oração?**

*Resposta: Para superar esses desafios, é importante ser disciplinado, evitar distrações, não basear-se em sentimentos e manter a consistência, mesmo quando parece difícil.*

## CONCLUSÃO:

Discutimos a importância do hábito da oração e como podemos melhorar nossa prática de orar. Lembramos que a oração é vital para o nosso crescimento espiritual e para manter uma relação forte com Deus.

## LEITURA DOS VERSÍCULOS:

*I Coríntios 16:2: "No primeiro dia da semana, separe uma parte do que você ganhou como oferta. O que você der depende do quanto o Senhor o ajudou a ganhar."*

## INTRODUÇÃO:

Hoje vamos explorar o significado e a importância do dízimo e das ofertas, entendendo como essas práticas refletem nossa devoção a Deus e influenciam nossa vida espiritual.

## PERGUNTAS E RESPOSTAS PARA REFLEXÃO:

**Por que é importante ser dizimista e ofertante?**

*Resposta: Dizimar e ofertar nos torna semelhantes a Deus, direciona nossa vida para Ele, combate o materialismo, fortalece nossa fé, é um investimento para a eternidade, traz bênçãos e alegria, e é um ato de amor verdadeiro.*

**Quais são as orientações bíblicas para dar dízimos e ofertas?**

*Resposta: Devemos dar dízimos como uma parte do que ganhamos e ofertas além disso, com boa vontade, alegria, generosidade e expectativa, lembrando que tudo o que temos é uma dádiva de Deus.*

**Como posso praticar o dar de forma apropriada e alinhada com os ensinamentos bíblicos?**

*Resposta: Praticar o dar envolve entregar dízimos e ofertas de forma voluntária e com o coração certo, reconhecendo que tudo vem de Deus e a Ele pertence, e que ao dar estamos expressando nosso amor e gratidão*

## CONCLUSÃO:

O dízimo e as ofertas são maneiras práticas de honrarmos a Deus e de expressarmos nossa gratidão e dependência dEle. Essas práticas fortalecem nossa relação com Deus e refletem a saúde de nossa vida espiritual.

**10**
**ESTUDO**

**MATÉRIAL DE APOIO PARA O FACILITATOR**

## PARTICIPANDO DA FAMÍLIA DE DEUS

## LEITURA DOS VERSÍCULOS:

*Hebreus 10:25: "Não abandonemos, como alguns estão fazendo, o costume de assistir às nossas reuniões. Ao contrário, animemos uns aos outros"*

## INTRODUÇÃO:

Neste estudo, vamos explorar o conceito de comunhão na vida cristã, entendendo como nossa relação com Deus e uns com os outros se expressa na igreja e na comunidade de fé.

## PERGUNTAS E RESPOSTAS PARA REFLEXÃO:

**O que é comunhão e por que é essencial na vida cristã?**

*Resposta: Comunhão é a relação pessoal que os cristãos têm com Deus e uns com os outros, expressa em compartilhar bens, cooperar na obra do evangelho e manter a unidade e o amor.*

**Quais são as características da comunhão, conforme exemplificado em Atos 2?**

*Resposta: As características da comunhão incluem dedicação ao ensino dos apóstolos, compartilhamento de bens, unidade, amor, adoração conjunta e apoio mútuo.*

**Como podemos praticar a mutualidade na comunidade de fé?**

*Resposta: Praticamos a mutualidade servindo uns aos outros, perdoando, encorajando, ensinando, honrando e aceitando uns aos outros, demonstrando assim o amor e a unidade em Cristo.*

## CONCLUSÃO:

A comunhão e a mutualidade são fundamentais na vida cristã, refletindo nossa conexão com Cristo e uns com os outros. Essas práticas enriquecem nossa experiência espiritual e fortalecem a igreja.

**11**

**ESTUDO**

MATÉRIAL DE APOIO PARA O FACILITATOR

## COMO UMA IGREJA GRANDE PODE MANTER BONS RELACIONAMENTOS

## LEITURA DOS VERSÍCULOS:

*Atos 5:42: "E todos os dias, no templo e de casa em casa, não cessavam de ensinar e anunciar Jesus, o Cristo."*

## INTRODUÇÃO:

Hoje exploraremos como igrejas de grande porte podem manter uma comunidade íntima e conectada através do conceito de células.

## PERGUNTAS E RESPOSTAS PARA REFLEXÃO:

**Qual é a importância das células em uma igreja grande?**

*Resposta: Células proporcionam um espaço para estudo bíblico, comunhão entre irmãos, comunhão com Deus, oração, assistência mútua, sociabilidade e louvor, mantendo a igreja unida e focada em ganhar pessoas para Jesus.*

**Como as células funcionam dentro da estrutura da igreja?**

*Resposta: As células operam como pequenos grupos que se reúnem regularmente para atividades como estudo da Bíblia, oração e comunhão, complementando as reuniões maiores de celebração da igreja.*

**Quais são os benefícios de participar de uma célula?**

*Resposta: "Participar de uma célula oferece apoio espiritual e emocional, oportunidades para crescimento pessoal, conexão mais profunda com outros membros da igreja e um ambiente acolhedor para discutir questões de fé.*

## CONCLUSÃO:

As células são fundamentais para manter a qualidade dos relacionamentos em igrejas grandes, oferecendo um ambiente mais íntimo para o crescimento espiritual e a comunhão. Elas são essenciais para a saúde e vitalidade da comunidade da igreja.

12
ESTUDO

MATÉRIAL DE APOIO PARA O FACILITATOR

## COMO INICIAR E MANTER BONS HÁBITOS

## LEITURA DOS VERSÍCULOS:

*Eclesiastes 11:4: "Se você ficar esperando condições perfeitas, nunca vai conseguir nada."*

## INTRODUÇÃO (FACILITADOR):

Neste estudo, abordaremos passos práticos para iniciar e manter bons hábitos, essenciais para o crescimento pessoal e espiritual.

## PERGUNTAS E RESPOSTAS PARA REFLEXÃO:

**Por que o desejo interior é crucial para desenvolver bons hábitos?**

*Resposta: Um desejo forte e motivado interiormente é essencial porque motivações externas são passageiras e não sustentam o compromisso a longo prazo.*

**Como a declaração pública e a responsabilidade mútua ajudam na manutenção de bons hábitos?**

*Resposta: Anunciar intenções publicamente e ter um companheiro de prestação de contas fortalece o compromisso e oferece suporte e encorajamento na jornada.*

**Qual é o papel da fé e da dependência de Deus no desenvolvimento de bons hábitos?**

*Resposta: Confiar no poder de Deus ajuda a superar tentações e desafios, fortalecendo a determinação e o autocontrole para estabelecer hábitos positivos.*

## CONCLUSÃO:

Desenvolver bons hábitos é um processo que requer desejo, decisão, disciplina e dependência de Deus. Essas práticas são fundamentais para o crescimento espiritual e pessoal.

Made in the USA
Middletown, DE
22 October 2024